¡ES UN MURCIÉLAGO VAMPIRO!

por Tessa Kenan

BUMBA BOOKS™ en español

EDICIONES LERNER ◆ MINNEAPOLIS

Nota para los educadores:

En todo este libro, usted encontrará preguntas de reflexión crítica. Estas pueden usarse para involucrar a los jóvenes lectores a pensar de forma crítica sobre un tema y a usar el texto y las fotos para ello.

Traducción al español: copyright © 2018 por ediciones Lerner
Título original: *It's a Vampire Bat!*
Texto: copyright © 2018 por Lerner Publishing Group, Inc.

La traducción al español fue realizada por Annette Granat.

ediciones Lerner
Una división de Lerner Publishing Group, Inc.
241 First Avenue North
Mineápolis, MN 55401, EE. UU.

Si desea averiguar acerca de niveles de lectura y para obtener más información, favor consultar este título en www.lernerbooks.com

Library of Congress Cataloging-in-Publication Data

Names: Kenan, Tessa.
Title: ¡Es un murciélago vampiro! / por Tessa Kenan.
Other titles: It's a vampire bat! Spanish
Description: Minneapolis : Ediciones Lerner, [2018] | Series: Bumba books en español. Animales de la selva tropical | Audience: Age 4–7. | Audience: Grade K to grade 3. | Includes bibliographical references and index. | Description based on print version record and CIP data provided by publisher; resource not viewed.
Identifiers: LCCN 2016056126 (print) | LCCN 2016054210 (ebook) | ISBN 9781512449723 (eb pdf) | ISBN 9781512441291 (lb : alk. paper) | ISBN 9781512454123 (pb : alk. paper)
Subjects: LCSH: Vampire bats—Juvenile literature. | Rain forest animals—Juvenile literature. | Bloodsucking animals—Juvenile literature.
Classification: LCC QL737.C52 (print) | LCC QL737.C52 K4618 2018 (ebook) | DDC 599.4/5—dc23

LC record available at https://lccn.loc.gov/2016056126

Fabricado en los Estados Unidos de América
1 — CG — 7/15/17

Expand learning beyond the printed book. Download free, complementary educational resources for this book from our website, www.lerneresource.com.

Tabla de contenido

Los murciélagos vampiros beben sangre 4

Partes de un murciélago vampiro 22

Glosario de las fotografías 23

Leer más 24

Índice 24

Los murciélagos vampiros beben sangre

Los murciélagos vampiros viven

en lugares cálidos.

Muchos viven en las selvas tropicales.

Los murciélagos vampiros

son mamíferos.

Pueden volar, caminar

y correr.

También pueden saltar.

Los murciélagos vampiros viven

en grupos.

A estos grupos se les llama colonias.

Las colonias pueden tener cientos

de vampiros.

¿Por qué piensas que los murciélagos vampiros viven en grupos?

Los murciélagos bebés toman leche

de sus madres.

Los murciélagos adultos beben

la sangre de otros animales.

Los bebés están listos para cazar

después de tres meses.

Los murciélagos duermen

durante el día.

Se cuelgan boca abajo en cuevas.

¡Así duermen!

Los murciélagos vampiros vuelan

afuera de sus cuevas por la noche.

Necesitan encontrar sangre

para chupar.

Los murciélagos tienen sensores en sus narices. Los sensores ayudan a los murciélagos a encontrar sangre. Los animales que los murciélagos cazan son su presa.

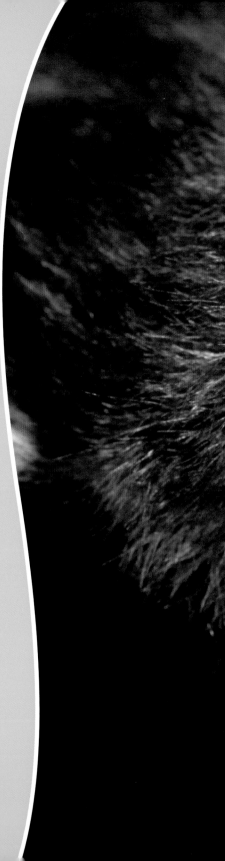

¿En qué sería más difícil la vida de este murciélago si no tuviera sensores?

17

Los murciélagos vampiros tienen

dientes afilados.

Muerden a su presa haciéndole

huecos.

Le lamen la sangre.

¿Para qué sirven los dientes afilados de un murciélago?

19

La presa de un murciélago no muere.

Pero puede enfermarse.

Los murciélagos vampiros pueden

pasarle una enfermedad.

Partes de un murciélago vampiro

dientes

nariz

oreja

ala

cuerpo

Glosario de las fotografías

colonias

grandes grupos de animales que viven juntos

mamíferos

animales de sangre caliente y con pelaje, que dan a luz a bebés

presa

un animal que es cazado por otro animal en busca de comida

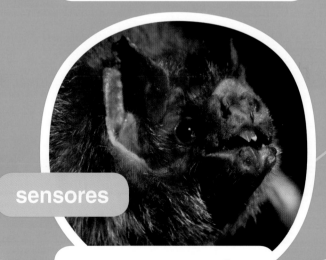

sensores

cosas que pueden encontrar algo

Leer más

Arnold, Tedd. *Bats*. New York: Scholastic, 2015.

Mitchell, Susan K. *Biggest vs. Smallest Things with Wings*. Berkeley Heights, NJ: Bailey Books, 2011.

Ringstad, Arnold. *Rain Forest Habitats*. Mankato, MN: Child's World, 2014.

Índice

colonias, 8

cuevas, 12, 15

dientes, 19

duermen, 12

mamíferos, 7

narices, 16

presa, 16, 19–20

sangre, 11, 15–16, 19

selvas tropicales, 4

sensores, 16

Crédito fotográfico